I0025849

ENCYCLOPÉDIE

ELEMENTAIRE

PEINTRE EN BATIMENTS.

ARTS

PARIS,

HECTOR BOSSANGE,

QUAI VOLTAIRE, N° 11.

IMPRIMERIE DE LACHEVARDIÈRE.

ENCYCLOPÉDIE

ÉLÉMENTAIRE

DES SCIENCES ET DES ARTS.

47794

SOUS PRESSE.

CHIMIE.

MÉCANIQUE.

CHALEUR APPLIQUÉE AUX ARTS.

TANNAGE.

ARITHMÉTIQUE.

IMPRIMERIE DE LACHEVARDIERE,
RUE DU COLOMBIER, N. 30, A PARIS.

L'ART
DU PEINTRE
EN BATIMENTS

PAR

N. Paulet,

PEINTRE ET DÉCORATEUR.

PARIS,
HECTOR BOSSANGE,
QUAI VOLTAIRE, N° 11.
1828.

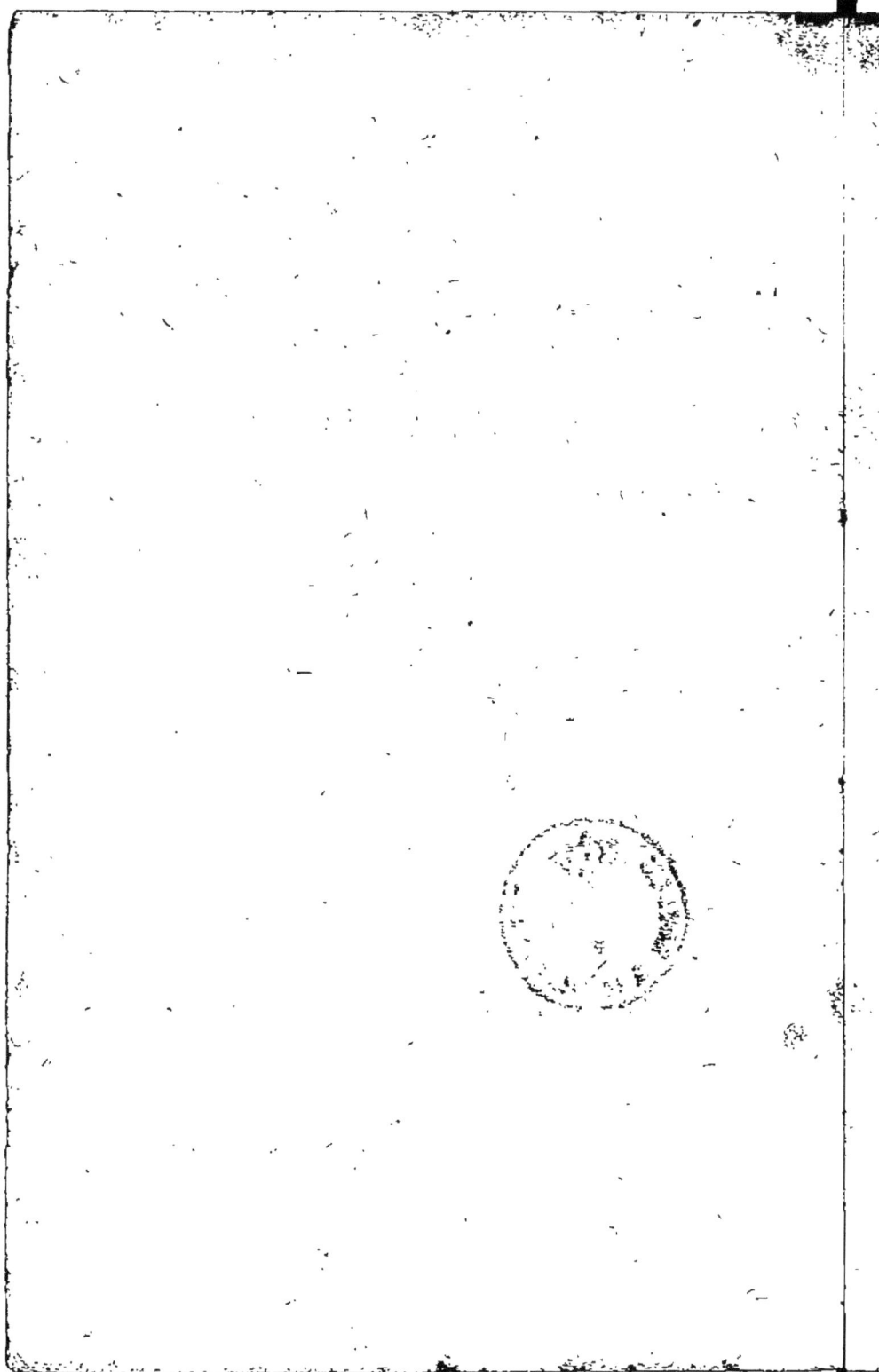

L'ART
DU PEINTRE
EN BATIMENTS.

CHAPITRE PREMIER.

INTRODUCTION.

Demande. En quoi consiste l'art du peintre en bâtiments?

Réponse. A décorer les différentes parties d'un bâtiment; à les garnir de couleurs qui contribuent tout à la fois à leur embellissement et à leur conservation.

D. Quels sont les principaux ustensiles qu'emploie le peintre en bâtiments?

R. Le *porphyre*, la *molette*, des *brosses*, des *pinceaux* de toute grosseur, le *pincelier*, la *pa-*

lette, le couteau de couleurs, des règles, plomb, équerre, compas, etc.

D. Donnez une idée de ces divers instruments. De quoi se compose le *porphyre* ?

R. D'une table de granit, de porphyre ou de toute autre pierre très dure, et d'une *molette* de même nature, dont la forme est celle d'un cône à base plate, et qui sert à broyer les couleurs. Après chaque opération, il faut avoir soin de bien layer l'un et l'autre, afin qu'ils ne retiennent pas de matière colorante et n'altèrent pas les couleurs qu'ils peuvent servir à broyer.

D. Comment se font les *brosses* ?

R. Ce sont des espèces de pinceaux faits de soie de sanglier seule, ou mêlée de soie de cochon, et attachée au bout d'un bâton plus ou moins gros, suivant l'usage auquel on les destine.

D. Et les *pinceaux* ?

R. De poils de blaireau et de petit-gris, qu'on renferme dans des tuyaux de plume de toute grosseur. Il y en a d'une finesse extraordinaire. Il faut avoir soin de les nettoyer toutes les fois qu'on cesse de s'en servir.

D. Qu'est-ce que le *pincelier?*

R. Le pincelier est un petit vase de cuivre ou de fer-blanc séparé en deux par une petite plaque de même métal. Dans l'un des côtés de cette cloison on met de l'huile ou de l'essence pour nettoyer les pinceaux : on les trempe dedans, et en les pressant entre le doigt et le bord du vase ou de la plaque, on fait tomber l'huile, qui entraîne avec elle dans l'autre partie du vase les couleurs dont sont chargés les pinceaux.

D. En quoi consiste la *palette?*

R. En une petite planche de bois de forme ovale, un peu plus mince aux extrémités qu'au centre, vers le bord de laquelle est pratiqué un

trou ovale assez grand pour pouvoir y passer
le pouce. On s'en sert pour étaler les couleurs
broyées à l'huile, afin de les avoir toutes sous
sa main. On les dispose les unes à côté des
autres par petits tas, entre lesquels on laisse
un léger intervalle afin qu'ils ne se mélangent
pas. On emploie aussi des palettes en fer-
blanc.

D. Qu'est-ce que le *couteau de couleurs* ?

R. C'est une lame plate, flexible, également
mince de chaque côté, arrondie par une de
ses extrémités, et munie à l'autre d'un manche
de bois ordinaire. Il sert à faire les teintes, à
mélanger les couleurs sur la palette, etc.

D. Quelle espèce de vases doit-on employer
dans la peinture ?

R. On ne doit faire usage que de vases ver-
nissés, parce que les couleurs s'y conservent
mieux et s'y dessèchent moins que dans les
autres ?

D. Comment prépare-t-on les couleurs ?

R. Les couleurs étant en général des substances solides, il est évident qu'on ne peut les appliquer en cet état. On commence donc par les broyer sur le porphyre, en ayant soin de détacher les parties qui s'attachent par la trituration à la surface de la table et de la molette, et de les rassembler au centre avec un couteau flexible de fer, de corne ou d'ivoire. Mais comme, en broyant à sec, les substances colorées s'échappent en poussière, on les humecte peu à peu avec des liquides qui retiennent les particules légères divisées par le broiement, les détrempent, et les rendent plus faciles à étendre sous le pinceau. On ne saurait mettre trop de soins dans cette opération, car c'est de là que dépend principalement la beauté des ouvrages : plus les matières sont broyées, mieux les couleurs se mêlent; et plus la peinture qu'elles donnent est unie et gracieuse. Il faut donc broyer doucement et séparément chaque substance, ne mélanger les couleurs que lorsqu'elles sont bien préparées, et n'en détremper que la quantité dont on a besoin, parceque celles qui ne sont pas employées de suite se détériorent toujours plus ou moins.

D. Comment s'y prend-on pour détremper?

R. On met les couleurs broyées dans un pot vernissé, on verse peu à peu le liquide dont on veut faire usage, et on remue jusqu'à ce que la matière soit convenablement délayée.

D. Quels sont les liquides qu'on emploie communément?

R. L'eau, la colle, le sérum du sang, le lait, les huiles, l'essence de térébenthine et les vernis. Si l'on fait usage de la première, il faut prendre l'eau de rivière préférablement à celle de puits ou de source, qui est presque toujours chargée de sels. La colle est une substance tenace qui produit un liquide visqueux, au moyen duquel on unit ensemble deux ou plusieurs couleurs, de manière à ne pouvoir les séparer que très difficilement.

D. Quelle espèce de colle emploie-t-on dans la peinture?

R. On se sert, dans la peinture, de plusieurs espèces de colle : de colle de gants, de colle de parchemin, de colle de brochette, de colle de Flandre, etc. La colle de gants s'emploie ordinairement pour les détrempes de couleurs qu'on n'a pas l'intention de vernir; celle de parchemin sert, au contraire, pour les couleurs qu'on veut vernir; celle de brochette ne s'emploie que pour les gros ouvrages. La colle de Flandre est d'un grand usage: on s'en sert surtout pour fixer les couleurs sur les carreaux d'appartements, en l'incorporant avec ces couleurs.

D. Quelles sont les huiles qui conviennent le mieux pour la détrempe des couleurs?

R. Les huiles de noix, de lin et d'œillette.

La première est préférable, parcequ'elle est plus siccative et moins sujette à gercer : toutefois, avant de l'employer, il est d'usage d'augmenter encore sa propriété siccative en la faisant bouillir avec sept ou huit parties de son poids de litharge : on remue de temps en temps, on écume avec soin, et quand elle devient rougeâtre, on l'éloigne du feu et on la laisse clarifier par le repos. L'huile de noix est moins siccative que celle de lin, et sert pour broyer et détremper les couleurs claires, telles que le blanc et le gris. On ne se sert d'huile d'œillette que lorsque l'on manque des deux autres. Traitée par la litharge, celle-ci acquiert aussi une plus grande propriété siccative. Elle sert à détremper le blanc de plomb.

D. Dans quel cas fait-on usage de la térébenthine ?

R. On emploie la térébenthine pour détremper les couleurs broyées à l'huile sur lesquelles on veut vernir : cette essence les étend mieux, et les prépare ainsi à recevoir le vernis. Celui qu'on emploie dans ce cas est ordinairement inodore, et fait disparaître l'odeur pénétrante que l'essence communique à la peinture.

D. Comment conserve-t-on les couleurs broyées à l'eau ?

R. Lorsque la couleur est broyée convenablement, on la dispose en petits tas au moyen d'un entonnoir qu'on secoue légèrement sur des filtres de papier gris, et on la met sécher dans un endroit où la poussière ne peut pénétrer. De cette manière, les couleurs se conservent très bien; et quand on veut les employer, on les détrempe, soit à la gomme, soit à la colle ou à l'huile. Les petits tas formés sur le papier s'appellent *trochisques.*

CHAPITRE II.

PRÉPARATION DES COULEURS.

D. Comment peut-on faire produire aux couleurs un ton donné?

R. En combinant les couleurs entre elles en différentes proportions, on peut varier leurs nuances à l'infini, et par conséquent obtenir toutes les teintes possibles. Ainsi, si, après avoir produit une belle couleur bleue avec du blanc de céruse et du bleu de Prusse, vous voulez la tourner au violet, vous n'avez qu'à y ajouter un peu de laque, de carmin, et une très petite quantité de blanc de plomb, le tout broyé à la colle ou à l'huile.

D. Comment obtient-on le blanc?

R. On l'obtient avec le blanc de céruse, le blanc de plomb et le blanc d'Espagne. Le blanc en détrempe, lorsqu'on ne veut pas vernir, se fait en broyant à l'eau du blanc d'Espagne, qu'on détrempe ensuite à la colle de parchemin. Lorsqu'on veut vernir, on emploie du blanc de céruse, en se dirigeant de la même manière. Dans la peinture à l'huile, le blanc se prépare, lorsqu'on se propose de vernir, en broyant à l'huile de noix ou d'œillette la céruse ou le blanc de plomb, et en détrempant à l'essence de térébenthine. Quand on ne veut pas vernir, on emploie de l'huile de noix ou d'œillette coupée d'essence. On mêle souvent avec le blanc, pour l'empêcher de jaunir, une très petite quantité de bleu ou de noir de charbon pilé.

D. Quelles sont les matières qui entrent dans la composition du gris ?

R. Il y a plusieurs nuances de gris, le *gris argentin*, le *gris de lin*, le *gris de perle* et le *gris commun.* Le premier se prépare en mêlant

du beau blanc avec de l'indigo en petite quantité; et le gris de lin, en broyant séparément
de la céruse, de la laque et du bleu de Prusse,
qu'on mélange ensuite en proportions convenables. Le gris de perle se fait comme le gris
argentin, excepté qu'au lieu d'indigo on emploie du bleu de Prusse. Le gris commun se
prépare avec du blanc et du charbon pilé.

D. Comment s'obtient le rouge?

R. On obtient le rouge en broyant à l'huile
d'œillette et en détrempant à l'essence le rouge
de Prusse, le vermillon ou le rouge de Berry.
Le rouge de Prusse s'emploie surtout pour les
carreaux d'appartements, et le vermillon pour
les roues d'équipages.

Quand on veut produire les nuances *rose* ou
lilas, on mêle ensemble, pour la première, un
peu de carmin, de vermillon et de blanc de
plomb; et pour la seconde, de la laque de carmin et un peu de bleu. Le *cramoisi* s'obtient

avec la laque carminée, le carmin et une petite dose de blanc de céruse.

D. Comment se procure-t-on le jaune?

R. On produit une couleur jaune tendre en
broyant à l'eau ou à l'huile, et en détrempant
à la colle ou à l'essence, de l'ocre de Berry avec
du blanc de céruse : si on veut un jaune foncé,
on n'emploie que de l'ocre seule. Pour obtenir
la couleur *jonquille*, on mêle de la céruse avec
du still de grain de Troyes ; et pour le *jaune
citron* ou *aurore*, du rouge avec de l'orpin
jaune.

D. Quelles sont les substances qui fournis-
sent le vert?

R. Il y a plusieurs nuances de vert, qui
toutes s'obtiennent de différentes manières. Le
vert d'eau en détrempe se prépare en mêlant
du blanc de céruse et du vert de montagne
broyés séparément à l'eau, et en détrempant
à la colle de parchemin : la quantité de vert

2.

qu'on emploie varie selon qu'on désire une couleur plus ou moins foncée. Un mélange de céruse, de cendre bleue et de still de grain de Troyes, donne aussi un beau *vert d'eau*, qui est plus durable que le premier. Le *vert d'eau au vernis* se fait avec du vert-de-gris distillé et de la céruse : on broie séparément chaque substance à l'essence de térébenthine, on mélange, et on détrempe ensuite avec du vernis de copal.

Le *vert de treillage* se fait en mêlant une livre de vert-de-gris simple et deux livres de céruse. On broie séparément chacune de ces substances à l'huile de noix, et on détrempe à la même huile.

Le *vert pour les roues d'équipages* se fait en broyant séparément, avec moitié huile et moitié essence, de la céruse et du vert-de-gris. On détrempe avec du vernis de Hollande.

Le *vert de composition*, qui sert pour les

appartemens, se compose d'un mélange d'une livre de blanc de céruse, de deux onces de still de grain de Troyes, et d'une demi-once de bleu de Prusse.

Les autres nuances de vert, telles que le *vert de mer*, le *vert de pomme* et le *vert de Saxe*, s'obtiennent à peu près de la même manière, en variant les proportions suivant les teintes qu'on veut produire.

D. Comment s'obtient le bleu?

R. Les diverses nuances de bleu, comme le *bleu céleste*, le *bleu de roi* et le *bleu tendre*, se produisent en combinant en diverses proportions du bleu de Prusse et du blanc de céruse. La dose de bleu ou de blanc doit dominer selon la nuance qu'on veut obtenir; ainsi, pour le bleu tendre, on emploie plus de blanc que de bleu.

D. De quelle manière produit-on les couleurs brunes?

R. Les couleurs brunes qu'on emploie le plus sont celles de *bois de chêne*, de *bois de noyer* et le *brun marron foncé.* La première, qui s'emploie également à l'huile et à la détrempe, se prépare avec trois parties de blanc de céruse et une d'ocre de rue, de terre d'ombre et de jaune de Berry. Pour celle de bois de noyer, on emploie les mêmes substances, en y ajoutant un peu plus de jaune de Berry. Le brun marron foncé s'obtient avec du rouge d'Angleterre, de l'ocre de rue et du noir d'ivoire.

D. Quelles règles doit-on suivre dans l'application des couleurs?

R. Les principales sont, 1° d'étendre une couche d'encollage et de blanc d'apprêt sur l'objet qu'on veut peindre, afin d'en remplir les pores; c'est ce qu'on appelle *abreuver le sujet.* L'encollage a l'avantage de rendre le sujet uni, et de ménager les couches de couleurs et de vernis qu'il doit recevoir ; le blanc d'apprêt sert à donner des fonds blancs qui font ressortir les couleurs.

2° Il faut avoir soin qu'il n'y ait pas de graisse sur le sujet qu'on veut peindre; lorsqu'il s'en trouve, on la gratte ou on la lessive avec de l'eau seconde. On peut aussi frotter la partie grasse avec de l'ail et de l'absinthe, et la couleur prendra.

3° On reconnaît que la couleur détrempée est bonne à employer, lorsqu'elle file au bout de la brosse quand on la retire du pot; si elle y adhère, il faut y ajouter un peu de colle.

4° Il faut tenir la brosse devant soi, de manière qu'il n'y ait que sa surface qui soit couchée sur le sujet, et ne jamais la surcharger de couleur.

5° On couche les couleurs à grands coups de pinceau, en ayant soin cependant de peindre uniment et également, et de ne pas engor-

ger les moulures et les sculptures, s'il y en a.
Lorsque cela arrive, on les dégorge avec une
petite brosse.

6° Il ne faut jamais appliquer de seconde
couche qu'après s'être assuré que la précédente
est parfaitement sèche. Les premières couches
se donnent toujours à chaud, parcequ'alors
la couleur pénètre mieux; mais il faut éviter
que la chaleur soit trop grande, car elle ferait
bouillonner l'ouvrage et gâterait le sujet : si
on opérait sur du bois, elle le ferait éclater.
La dernière couche seule se donne à froid; et
toutes doivent être le plus mince possible, pour
que la dessiccation soit plus prompte.

7° Il faut aussi avoir la précaution de remuer souvent les couleurs dans le pot, pour
les empêcher de former de dépôt.

CHAPITRE III.

PEINTURE EN DÉTREMPE.

D. Qu'est-ce que la peinture en détrempe?

R. La peinture en détrempe est celle dont les couleurs, d'abord broyées à l'eau, sont ensuite détrempées à la colle: c'est celle dont on fait le plus souvent usage, parcequ'elle est moins chère. Elle s'applique sur les plâtres, les bois, les papiers. Les appartements, les décorations de théâtres, enfin tout ce qui ne doit pas être exposé aux injures de l'air, se peint en détrempe.

D. Combien distingue-t-on de sortes de détrempes?

R. Il y a trois sortes de détrempes: la détrempe commune, la détrempe vernie dite *chipolin*, et la détrempe au blanc de roi. La détrempe commune sert pour les ouvrages qui n'exigent pas beaucoup de soins, tels que plafonds, planchers, escaliers.

D. Comment se prépare cette détrempe?

R. On fait infuser séparément dans l'eau du blanc d'Espagne et du noir de charbon; et après les avoir laissés deux heures en cet état, on mêle peu à peu le noir avec le blanc, jusqu'à ce qu'on ait obtenu la teinte qu'on désire. On détrempe ensuite le tout avec de la colle de gants chaude et d'une consistance convenable, et on applique la couleur pendant qu'elle est tiède. Lorsqu'on opère sur des plâtres neufs, il convient d'employer une plus grande dose de colle pour en abreuver la muraille. Quand les murs sont vieux, il faut, avant de peindre, les gratter avec soin, passer dessus deux ou trois couches d'eau de chaux pour couvrir le vieil enduit, et épousseter la chaux avec un balai de crin.

En se dirigeant de la manière que nous venons d'exposer, on peut employer en détrempe toute espèce de couleurs.

D. Qu'est-ce que le badigeon?

R. Le badigeon, qui sert pour blanchir les murs extérieurs, se prépare en mêlant ensemble un seau de chaux éteinte, un demi-seau de sciure de pierre, et de l'ocre de rue en plus ou moins grande quantité, selon la teinte qu'on veut obtenir. On détrempe le tout dans un grand baquet plein d'eau, où on a fait fondre une livre d'alun, et on applique la couleur avec une grosse brosse.

D. Qu'appelle-t-on blanc de carme?

R. Le blanc de carme, qui s'applique sur les murs intérieurs, est un composé de chaux, de bleu de Prusse et de térébenthine. On le prépare de la manière suivante : on met une certaine quantité de chaux de bonne qualité dans un baquet ou cuvier muni d'un robinet,

on remplit le cuvier d'eau de source, on bat
bien le mélange avec de gros bâtons, et on
laisse reposer le tout pendant vingt-quatre
heures; on ouvre ensuite le robinet pour faire
écouler l'eau qui surnage, on en remet de
nouvelle en agitant le mélange, et ainsi de
suite pendant plusieurs jours. Lorsque la chaux
est bien lavée, on la mêle avec un peu de bleu
de Prusse ou d'indigo et de la térébenthine;
après quoi on détrempe à la colle de gants,
dans laquelle on a mis un peu d'alun, et on
applique cinq ou six couches de la couleur.
Quand les couches sont sèches, on frotte la
muraille avec une brosse de soie de sanglier
pour lui donner du brillant. Le blanc de carme
donne une belle couleur blanche qui ressemble
au stuc.

D. Comment peint-on les carreaux et les
parquets ?

R. Les carreaux exigent ordinairement trois

couches de peinture. Après les avoir grattés et
nettoyés avec soin, on fait fondre, pour six
pieds carrés, quatre onces de colle de Flandre
dans trois pintes d'eau. Quand l'eau bout, on
y ajoute en remuant une livre de gros rouge,
et on en étend aussitôt une couche très chaude.
Cette première couche a pour objet d'abreuver le carreau. Pour la seconde couche, on
broie six onces de rouge de Prusse avec deux
onces d'huile de lin; on détrempe avec une
demi-livre de même huile, dans laquelle on
met deux onces de litharge et une once d'essence pure. Cette couche se donne à froid, et
sert à fixer la couleur. La troisième couche a
pour objet de masquer la couleur à l'huile, et
d'empêcher qu'elle ne colle aux pieds. On
la prépare en faisant fondre dans une pinte
d'eau trois onces de colle de Flandre. Lorsque
la colle est fondue, on y jette douze onces de
rouge de Prusse; on remue avec soin, et on

applique la couche tiède. Quand la couleur est sèche, on frotte avec de la cire.

D. De quelle manière opère-t-on pour les parquets?

R. On donne ordinairement aux parquets une couleur citron ou orange; la dernière est même préférée, comme étant plus belle. On balaie et on nettoie d'abord le parquet, et on prépare la couleur en mêlant de la *graine d'Avignon*, de la *terra merita* et du *safranum*, qu'on fait bouillir dans de l'eau jusqu'à ce qu'elle soit réduite d'un tiers. On produit également la couleur désirée en n'employant que la *terra merita* et le *safranum*, ou même cette dernière substance toute seule. Lorsque la liqueur a suffisamment bouilli, on la retire du feu et on y jette un peu d'alun et une certaine quantité d'eau dans laquelle on a fait fondre de la colle de Flandre. On y ajoute un peu d'ocre de rue pour donner du corps à la

peinture, et on en applique deux couches tiè-
des sur le parquet.

D. N'y a-t-il pas une autre manière de
peindre les parquets?

R. On peut aussi les peindre à l'encaustique. Cette peinture, qui consiste à employer
de la cire chaude pour y détremper les couleurs, se compose en faisant fondre dans cinq
pintes d'eau de rivière une demi-livre de cire
jaune et deux onces de savon. Lorsque la cire
et le savon sont fondus, on y ajoute une once
de sel de tartre; on met refroidir, et on a soin
de bien remuer le mélange avant de l'étendre
sur le parquet. L'encaustique s'emploie aussi
sur les carreaux.

D. Comment peint-on les plaques de cheminée?

R. On peint ordinairement les plaques de
cheminée en mine de plomb. Pour cela, on
nettoie d'abord les plaques avec une forte

2.

brosse pour enlever la rouille et la poussière. On réduit en poudre fine trois onces de mine de plomb, que l'on détrempe ensuite avec un quart de pinte de vinaigre, et on applique la couleur avec une brosse. Après cette opération, on trempe une autre brosse sèche dans de la mine de plomb également réduite en poudre, mais non détrempée, et on en frotte les plaques jusqu'à ce qu'elles deviennent brillantes.

CHAPITRE IV.

DÉTREMPE VERNIE DITE CHIPOLIN.

D. Qu'est-ce que la détrempe vernie dite *chipolin?*

R. Cette détrempe, qui tire son nom du mot italien *cipolla* (ciboule), parcequ'il entre de l'ail dans sa composition, est très recherchée pour son éclat et pour sa beauté, qu'elle conserve fort long-temps. De plus, elle ne donne aucune odeur.

D. Décrivez en peu de mots la méthode à suivre pour peindre en détrempe vernie.

R. La peinture en détrempe vernie exige plusieurs opérations assez minutieuses. La première consiste à donner au sujet à peindre un premier encollage, qui se prépare de la manière suivante : on fait bouillir ensemble une pinte et demie d'eau, trois têtes d'ail et une poignée d'absinthe. Quand l'eau est réduite à une pinte, on passe cette décoction à travers un linge; on y ajoute une demi-pinte de colle de parchemin, une petite poignée de sel, un quart de pinte de vinaigre, et on remet le tout sur le feu. Quand la liqueur bout, on l'applique avec une courte brosse de soie de sanglier. Ce premier encollage sert à remplir les pores du bois, et le dispose à recevoir les apprêts.

D. En quoi consiste la seconde opération?

R. La seconde opération consiste à apprê-
ter du blanc, c'est-à-dire à donner plusieurs
couches de blanc au sujet. On apprête le blanc
en faisant chauffer une pinte de colle de
parchemin avec un quart de pinte d'eau; on y
ajoute deux poignées de blanc d'Espagne pulvérisé et tamisé, et on laisse infuser le tout
pendant une demi-heure; après quoi on remue bien et on applique une couche très
chaude en tapant légèrement, c'est-à-dire en
frappant plusieurs petits coups de la brosse
pour faire entrer la couleur dans tous les petits creux qui peuvent se trouver dans le bois.
On met ensuite de la forte colle de parchemin
dans un pot, et on la recouvre d'un doigt de
blanc aussi pulvérisé et tamisé. On couvre le
pot, et on le met assez près du feu pour tenir
le mélange tiède. On laisse le tout en cet état
pendant une demi-heure, après quoi on le

mêle bien et on en donne sept ou huit couches très minces, en tapant légèrement avec
la brosse. Pendant que la couleur sèche, on
abat les bosses et on bouche les défauts qui se
rencontrent dans le sujet, avec une espèce de
mastic appelé *gros blanc*, fait de colle et de
blanc. On ébarbe ensuite le bois avec une peau
de chien de mer, et on adoucit l'ouvrage avec
une pierre ponce.

D. Qu'appelle-t-on adoucir l'ouvrage?

R. Adoucir, c'est promener une pierre ponce
sur le sujet apprêté de blanc, pour lui donner
une surface douce et égale : c'est le but de la
troisième opération. Pour cela, on se procure
des pierres ponces, qu'on affile sur des carreaux; on en forme de plates pour les panneaux, et de rondes pour les moulures : on se
sert aussi, pour vider les moulures lorsqu'elles
sont engorgées, de petits bâtons très minces
taillés pour cet usage. Au moyen d'une brosse

douce, on mouille les apprêts de blanc avec de l'eau très fraîche, à laquelle il convient même d'ajouter de la glace si on le peut, car la chaleur est très contraire à cette opération. On frotte légèrement la partie mouillée avec la pierre ponce, et on lave à mesure avec la brosse; on enlève ensuite l'eau avec une éponge, et on donne du lustre à l'ouvrage en passant par-dessus un linge grossier.

D. Quelle est la quatrième opération?

R. La quatrième opération a pour objet de *réparer* l'ouvrage avec des fers tournés en forme de crochets, c'est-à-dire d'enlever avec soin le blanc qui se trouve dans les refends, pour rendre à la sculpture sa première beauté. Le sujet est alors prêt à recevoir la couleur, qu'on applique à la manière ordinaire.

D. Que reste-t-il à faire après l'application de la couleur?

R. On donne un second encollage, qu'il

faut avoir soin d'étendre bien légèrement et
également avec une brosse très douce et qui
a déjà servi; une brosse neuve rayerait la couleur. Pour préparer cet encollage, on prend
de la belle colle de parchemin, on la bat à
froid, on la passe au tamis, et on en applique
deux couches. Lorsque cet encollage est sec,
on passe dessus deux ou trois couches de vernis à l'esprit-de-vin, et la détrempe vernie
est terminée. Il est bon de remarquer, pour
prévenir tout accident, que le vernis noirci-
rait les endroits qu'on aurait négligé d'en-
coller.

D. Qu'est-ce que la détrempe au blanc de
roi?

R. La détrempe au blanc de roi, ainsi
nommée parcequ'elle fut d'abord employée
pour les appartements du roi, se prépare
comme la détrempe vernie, et s'applique à une
moyenne chaleur. Deux couches suffisent.

Cette détrempe donne un très beau blanc, mais qui est peu durable; les vapeurs et autres émanations animales noircissent promptement le blanc de plomb qui entre dans sa composition. On fait usage de la détrempe au blanc de roi lorsqu'on ne veut pas vernir, et surtout pour les salons qui doivent être dorés, parceque l'or en fait ressortir davantage la blancheur.

CHAPITRE V.

DE LA PEINTURE A L'HUILE.

D. Qu'est-ce que la peinture à l'huile?

R. La peinture à l'huile ne diffère de la peinture en détrempe qu'en ce qu'on se sert d'huile au lieu d'eau pour broyer et détremper les couleurs; mais elle est préférable à la détrempe, en ce qu'elle donne des nuances plus vives et plus agréables, un coloris plus doux et plus délicat, et qu'elle conserve mieux les objets sur lesquels on l'applique. De plus, comme dans la peinture à l'huile on opère presque toujours à froid, le bois n'est pas sujet à travailler comme dans la peinture en detrempe, où il est indispensable de l'abreuver par des encollages chauds qui le font souvent éclater.

D. Combien distingue-t-on d'espèces de peinture à l'huile?

R. Il y en a deux sortes, la *peinture à l'huile simple* et la *peinture à l'huile vernie polie.* La première n'exige aucun apprêt et s'emploie pour les portes, les croisées, les chambranles, les murailles, etc.

D. Dans la peinture à l'huile, peut-on employer indistinctement de l'huile de noix ou de lin dans toute sorte de cas?

R. Non certainement; on emploie l'une ou l'autre suivant les couleurs et le sujet à pein-

dre. Ainsi, pour les couleurs sombres, telles
que le marron, l'olive, le brun, l'huile de lin
est préférable; mais pour les couleurs claires,
telles que le blanc, le gris, etc., on se sert
d'huile de noix ou d'œillette. L'huile de noix
pure, avec une once d'essence par livre de couleurs, s'emploie aussi de préférence pour les
ouvrages extérieurs qu'on ne veut pas vernir,
tels que portes, croisées, etc., parcequ'elle
devient plus belle à l'air que l'huile de lin.

D. Quelles sont les règles principales à
suivre dans la peinture à l'huile ?

R. Les règles principales sont, 1º de donner
toujours à froid les couleurs (on ne les applique bouillantes que lorsqu'on veut préparer
un plâtre neuf ou humide); 2º de donner,
avant de peindre, une ou deux couches de
blanc de céruse broyé et détrempé à l'huile;
3º de donner la première couche de couleur,
si l'on ne veut pas vernir, à l'huile pure, et

les deux autres à l'huile coupée d'essence : ces deux dernières couches doivent être à l'essence pure, lorsqu'on veut vernir ; 4° d'avoir soin de remuer la couleur dans le pot avant d'en charger la brosse, afin qu'elle ait toujours le même ton : lorsque le fond s'épaissit et ne conserve plus la même teinte que le dessus, on y verse un peu d'huile pour l'éclaircir ; 5° la couleur détrempée doit être d'une bonne consistance, et ne jamais filer au bout de la brosse. Lorsqu'on a à peindre des corps durs, tels que du cuivre, du fer, on ajoute un peu d'essence à la couleur pour les premières couches, afin de faire mieux pénétrer l'huile.

D. Les couleurs à l'huile n'ont-elles pas l'inconvénient de sécher très lentement ?

R. Oui ; mais il est facile de remédier à cet inconvénient par l'emploi des *siccatifs*.

D. Qu'appelez-vous siccatifs ?

R. Les siccatifs sont des substances qu'on

mêle avec les couleurs pour augmenter leur qualité siccative.

D. Quels sont les meilleurs siccatifs?

R. Ce sont la *litharge*, la *couperose blanche* et l'*huile grasse* ou *siccative*. Les deux premières substances sont trop connues dans le commerce pour qu'il soit nécessaire d'en parler; nous recommanderons seulement de choisir la couperose en gros morceaux blancs, durs et bien nets. Ce siccatif s'emploie pour les couleurs claires, telles que le blanc et le gris. On en prend un gros pour chaque livre de couleur, on le broie à l'huile de noix ou d'œillette, et on le mêle avec la couleur. La litharge sert pour les couleurs sombres; on en met une demi-once par chaque livre. Quant à l'huile grasse, qui est un siccatif bien préférable aux précédents, elle se prépare en mêlant ensemble huile de lin, une livre, litharge, céruse calcinée, terre d'ombre et de talc, de chacune

une demi-once. On fait bouillir le mélange à un feu doux et égal pendant deux heures environ; on remue souvent pour empêcher l'huile de noircir, et on écume à mesure qu'il s'élève de la mousse à la surface. On reconnaît que l'huile est suffisamment cuite et dégraissée, lorsque l'écume commence à devenir rare et tire sur le roux; on la retire alors de dessus le feu, et on la met reposer. Quand, par le dépôt, elle s'est séparée des matières étrangères qu'elle contient, et qu'elle est bien claire, on la décante, et elle est bonne à employer. L'huile grasse convient surtout pour les citrons et les verts de composition qu'on veut vernir; on en met une très petite dose par chaque livre de couleur, et on détrempe le tout à l'essence pure.

D. Quelles précautions doit-on prendre dans l'emploi des siccatifs?

R. 1° Il faut avoir soin de ne mettre le sic-

catif dans la couleur qu'au moment de s'en servir; si on le mettait long-temps auparavant, il
l'épaissirait. 2° Lorsqu'on veut vernir, on ne met
de siccatif que dans la première couche de
peinture; les autres qu'on emploie à l'essence
sèchent assez vite d'elles-mêmes. 3° Il n'est
pas nécessaire de mettre de siccatif dans les
couleurs où il entre du blanc de plomb, parceque cette substance est elle-même assez siccative.

D. Quel est le mode le plus simple pour
peindre à l'huile les murs, portes, croisées,
volets, etc.?

R. Pour peindre les murs, on donne d'a-
bord une couche ou deux d'huile de lin bouil-
lante, de manière à en saturer le plâtre; on
applique ensuite une couche de blanc de céruse broyé à l'huile de noix et détrempé avec
trois parties de la même huile et une d'essence; et lorsque cette couche est sèche, on

en donne deux autres de ce même blanc de céruse, mais que l'on détrempe à l'huile coupée d'essence, et à l'essence pure si l'on veut vernir par-dessus. Si on adopte une autre couleur que le blanc, on la broie et on la détrempe de la même manière.

Pour les portes, croisées et volets, que l'on peint ordinairement en petit gris, on donne d'abord une couche de blanc de céruse broyé et détrempé comme ci-dessus ; ensuite on produit la teinte grise avec deux couches de ce blanc broyé à l'huile de noix avec un peu de noir de charbon, et détrempé à l'essence pure. On applique par-dessus, si l'on veut, deux couches de vernis à l'esprit-de-vin.

Lorsqu'on a à peindre des chambranles, des statues, des treillages, des berceaux, etc., on donne également une première couche de blanc de céruse, dans laquelle on ajoute un peu de litharge comme siccatif ; après quoi on applique la couleur que l'on désire, en se dirigeant de la manière que nous avons dit plus haut.

D. Comment peint-on les balcons et les grilles de fer?

R. Les balcons et les grilles étant nettoyés, on prend du noir de fumée d'Allemagne et une très petite quantité de terre d'ombre, qu'on broie à l'huile de lin; on détrempe le tout avec trois parties de la même huile et une d'huile grasse; après quoi on applique la couleur.

D. Quelle est la manière de peindre les tuiles en couleur d'ardoise?

R. On broie séparément à l'huile de lin du blanc de céruse et du noir d'Allemagne; on mêle ces deux couleurs en proportions convenables pour produire la teinte désirée, et on détrempe à la même huile. On donne une première couche fort claire pour abreuver les tuiles, et on en applique ensuite trois autres plus épaisses.

D. Comment se prépare la couleur d'acier pour les ferrures ?

R. On prépare ordinairement cette couleur avec un mélange de blanc de céruse, de noir de charbon et de bleu de Prusse, le tout broyé à l'huile grasse et détrempé à l'essence; mais on l'obtient plus belle en broyant séparément à l'essence du blanc de céruse, du bleu de Prusse, de la laque fine et du vert-de-gris cristallisé. On détrempe la couleur avec un quart d'essence et trois quarts de vernis blanc; et après avoir bien nettoyé les ferrures, on en applique plusieurs couches en laissant deux ou trois heures d'intervalle entre chaque couche. Lorsque la couleur est sèche, on met par-dessus une couche de vernis gras.

D. Qu'ést-ce que la peinture à l'huile vernie polie ?

R. La peinture à l'huile vernie polie est le chef-d'œuvre de la peinture à l'huile, et s'em-

ploie principalement pour les lambris d'appartements et les panneaux d'équipages. Elle ne
diffère de la peinture à l'huile simple qu'en ce
qu'elle exige plus de soins. Quand on veut
peindre un lambris d'appartement, on lui
donne d'abord une couche de blanc de céruse
broyé à l'huile de noix et détrempé à la même
huile coupée d'essence; on broie ensuite la couleur qu'on a adoptée avec de l'huile de noix
également; on la détrempe à l'essence pure,
et on en donne deux couches. D'un autre côté,
on fait choix d'une couleur différente de celle
du fond pour réchampir les moulures et les
sculptures du lambris; on la broie à l'huile de
noix, et on en applique aussi deux couches.
Lorsque la couleur est bien sèche, ce qui n'arrive guère que deux ou trois jours après son
application, on donne deux ou trois couches
de vernis blanc, qui est sans odeur et qui em-
porte même celle de la couleur à l'huile. Quand

ce vernis est sec, on polit avec la pierre
ponce.

~~~~~~

CHAPITRE VI.

DE LA PEINTURE AU VERNIS, AU LAIT, A L'EAU DE SAVON, AU SÉRUM DU SANG, etc.

D. N'emploie-t-on pas les couleurs autre-
ment qu'à la détrempe et à l'huile?

R. On les emploie encore au vernis, au lait,
à l'eau de savon, au sérum du sang, etc. Employer les couleurs au vernis, c'est les broyer
et les détremper au vernis, à l'esprit de vernis
ou à l'huile. La peinture à l'eau de savon, au lait,
ne diffère des autres modes de peinture qu'en
ce qu'on broie les couleurs à l'eau pure, et
qu'on les détrempe avec de l'eau de savon et
du lait. On distingue deux espèces de peinture

au lait, la peinture au lait détrempe, et la peinture au lait résineuse.

D. Comment prépare-t-on la peinture au lait détrempe?

R. Pour préparer cette peinture, on prend six onces de chaux vive, deux pintes de lait, quatre onces d'huile d'œillette et deux ou trois pains de blanc d'Espagne. On éteint d'abord la chaux en la plongeant dans l'eau ; et après l'en avoir retirée, on l'expose à l'air pour qu'elle s'y effleurisse et se réduise en poudre. Lorsqu'elle est dans cet état, on la met dans un vase de grès, et on y verse assez de lait pour en faire une bouillie claire. On introduit ensuite l'huile peu à peu, en remuant avec une spatule de bois ; on y ajoute le restant du lait et le blanc d'Espagne en poudre, et on délaie avec soin. Lorsqu'on veut colorer cette peinture, on y ajoute un peu de charbon broyé à l'eau ou des ocres jaunes. On peut aussi employer de l'huile de noix ou de lin à la place de l'huile d'œillette que nous avons indiquée; mais cette dernière est préférable lorsqu'on veut peindre en blanc, parcequ'elle est sans couleur.

D. Qu'est-ce que la peinture au lait résineuse?

R. Cette peinture sert pour les ouvrages extérieurs, et se prépare de la même manière que la peinture au lait détrempe, excepté qu'on ajoute aux proportions indiquées ci-dessus deux onces de plus de chaux, autant d'huile, et deux onces de poix blanche de Bourgogne. On fait fondre cette poix dans l'huile à une douce chaleur, et on la mêle avec le lait de chaux. La peinture au lait ne donne aucune odeur ni émanations dangereuses, et peut être appliquée sur de vieilles peintures, sans qu'il soit besoin de gratter ni de lessiver le bois.

D. Qu'entendez-vous par ce que vous appelez *peinture au sérum du sang?*

R. La peinture au sérum du sang, dont la découverte est due à un médecin espagnol, M. Carbonell, donne une couleur de pierre très belle, qui n'exhale aucune mauvaise odeur, et qui résiste très long-temps aux intempéries de l'air. Elle peut servir pour décorer les appartements et les parties extérieures des édifices. On la prépare en délayant de la chaux en poudre dans du sérum du sang, jusqu'à ce que le liquide ait une consistance assez forte pour s'attacher facilement au pinceau. On peut, si l'on veut, avant d'employer la chaux, l'arroser d'une très petite quantité d'eau pour la réduire en poudre.

D. Comment obtient-on le sérum du sang ?

R. On prend du sang de bœuf ou tout autre, et on le met dans un endroit bien frais, où on le laisse trois ou quatre jours. Au bout de ce temps, on décante avec précaution le sérum qui s'est séparé du caillot ; il doit alors

être pur et presque incolore : mais s'il conte-
nait quelque matière étrangère, il serait facile
de l'en dépouiller en le passant à travers un
linge ou un tamis. Le sérum ainsi extrait doit
être employé le plus tôt possible, car il se cor-
rompt très promptement ; ce qu'il est facile de
reconnaître par l'odeur désagréable qu'il exhale. Il ne faut jamais préparer beaucoup de
peinture à la fois, il faut l'employer aussitôt après
sa préparation, parcequ'elle s'épaissit si rapi-
dement qu'il devient impossible de l'étendre
sous le pinceau. Cependant on peut remédier
à cet inconvénient en mettant en réserve une
certaine quantité de sérum, pour en ajouter
au besoin à la peinture.

CHAPITRE VII.

DE LA PEINTURE DES TOILES.

D. A quoi emploie-t-on les toiles dans la peinture en bâtiments ?

R. On emploie les toiles dans les bâtiments pour masquer les solives ou autres parties désagréables à la vue, et pour les décorations de théâtre.

D. Comment peint-on les toiles ?

R. On peint les toiles en détrempe ou à l'huile. Pour peindre en détrempe, on étend la toile sur un châssis, et on colle par-derrière, si elle est trop claire, du papier gris avec de la colle de farine; mais cela est inutile si la toile est forte et bien tissue. Lorsque le papier collé est sec, on donne à la toile une couche de blanc de Meudon infusé dans

l'eau et détrempé à la colle de gants chaude;
on passe par-dessus une pierre ponce pour la
rendre bien unie, et on donne une seconde
couche de blanc de Meudon, mais plus épaisse
que la première. On passe de nouveau la
pierre ponce sur la toile, après quoi elle est
prête à recevoir la peinture. On broie les couleurs dont on a fait choix à l'eau, et on les
détrempe à la colle de gants. Le stil de grain,
le bleu de Prusse et la cendre bleue servent
pour faire les paysages; la cendre bleue seule,
pour les ciels; la laque plate brunie avec de
l'eau de cendres gravelées, pour les fonds
rouges.

D. Comment peint-on les toiles à l'huile?

R. Pour peindre une toile à l'huile, on la
dispose sur un châssis, comme nous avons dit
ci-dessus, et on étend sur le côté qui doit être
peint, avec un grand couteau de bois destiné
à cet usage, de la colle de gants d'une assez

5.

forte consistance pour qu'elle ne pénètre pas
de l'autre côté de la toile. Cette opération a
pour but de coucher les fils de la toile et de
boucher tous les petits trous qui se trouvent
dans le tissu, afin d'empêcher la couleur de
passer à travers. Mais il faut avoir soin, lorsque la toile est bien imbibée de colle, d'en
ramasser le surplus avec le couteau de bois,
pour ne laisser que ce qui est empreint dans
la toile. On expose ensuite le châssis dans un
endroit aéré, et lorsqu'il est sec, on passe
la pierre ponce sur la toile. D'un autre côté,
on broie du brun rouge à l'huile de noix avec
un peu de litharge, on détrempe la couleur à
la même huile, et on l'étend sur le châssis
avec le couteau de bois, en usant des mêmes
précautions que pour la colle. Lorsque cette
couleur est sèche, on peut poncer encore, si
l'on veut, pour la rendre plus unie, et on
donne fort légèrement, avec une brosse, une

couche mince de petit-gris qu'on prépare avec du blanc de céruse et du noir de charbon broyé et détrempé à l'huile. On applique ensuite les couleurs que l'on désire.

CHAPITRE VIII.

DES PRINCIPALES SUBSTANCES QU'ON EMPLOIE DANS LA PRÉPARATION DES COULEURS.

Asphalte, ou *Bitume de Judée*, parcequ'on le tirait d'abord de cette contrée. C'est une substance douce au toucher, dure, cassante, noire et brune. Elle se trouve à l'état liquide ou en consistance molle à la surface de la mer Morte; mais à la longue elle se dessèche et durcit. On la trouve aussi dans le sein de la terre, en Chine, en Amérique, et à Neufchâtel en France. L'asphalte, quoique d'un emploi difficile dans la peinture, est recherché à cause de la belle couleur brune qu'il donne.

Azur (pierre d'). Espèce de minéral qui produit des couleurs bleues inaltérables ; il est très rare.

Bistre. Espèce de brun qui n'est propre qu'au lavis. C'est une suie de bois dépouillée par le lavage des parties grossières dont elle était chargée. La suie du hêtre produit, dit-on, le plus beau bistre.

Blanc d'Espagne. C'est de la craie qu'on délaie dans l'eau pour la séparer des matières étrangères qu'elle contient ; qu'on broie ensuite dans un moulin, et qu'on met en petits pains, tels qu'on les trouve dans le commerce.

Blanc de plomb. Le blanc de plomb, ou blanc de céruse, est composé d'acide carbonique et de plomb. On le prépare en grand à Clichy, près Paris. Celui qu'on fabrique en Hollande et à Krems, en Autriche, en exposant des lames de plomb à la vapeur du vinaigre, lui est inférieur; il est moins blanc et se broie plus difficilement. Les marchands ajoutent souvent de la craie au blanc de plomb, mais il est facile de reconnaître la fraude. Pour cela, on creuse avec un couteau un charbon neuf, on l'allume, et on met dans le creux un peu de céruse broyée. On souffle sur le charbon; bientôt la céruse jaunit, et l'on voit apparaître des globules de métal brillants. C'est le plomb rendu à l'état métallique par le moyen de la chaleur qui dégage l'acide carbonique avec lequel il était combiné. Cet effet n'aura pas lieu si c'est de la craie, qui est infusible, et qui reste dans le charbon, sous forme de poudre blanche.

Bleu de cobalt. Belle couleur bleue découverte par M. Thénard, et qu'on emploie au lieu du bleu d'outre-mer, qui est d'un prix très élevé.

Bleu d'émail, verre de cobalt ou *smalt.* C'est

une espèce de verre bleu composé d'oxide de cobalt et de fer, de sable siliceux et de potasse, qu'on broie entre deux meules jusqu'à ce qu'il soit réduit en poudre. C'est ce composé qui constitue l'azur. On met ce verre broyé dans des tonneaux pleins d'eau, on agite et on décante la liqueur. Plus on laisse le verre dans l'eau avant de décanter, plus l'azur est beau. Cette couleur ne s'emploie dans la peinture que pour les endroits exposés à l'air.

Bleu de Prusse. Combinaison d'acide prussique, de potasse et de fer, qui donne une belle couleur bleue qui est d'un grand usage dans la peinture.

Carmin. Belle couleur rouge qu'on extrait de la cochenille, insecte qu'on trouve au Mexique. On l'appelle aussi *laque carmin.*

Cendre bleue. Couleur bleue qu'on obtient en mêlant de la chaux en poudre avec une dissolution de cuivre dans l'eau-forte. La cendre bleue sert pour les décorations de théâtre, pour colorer les papiers en bleu. Mais elle ne conserve pas long-temps sa belle teinte; elle devient verte au bout de quelques mois, surtout si elle est exposée au soleil.

Cinabre. Substance minérale rouge composée de mercure et de soufre. Celui qu'on emploie dans la peinture se prépare en faisant fondre dans une bassine de fonte une partie de soufre à laquelle on ajoute peu à peu, en remuant, quatre parties de mercure. Le soufre et le mercure se combinent et donnent naissance à un sulfure de mercure ou cinabre brunâtre. En soumettant ensuite ce produit à une forte chaleur, il se volatilise et se condense dans un vase dont on recouvre la bassine. Ce cinabre artificiel, réduit en poudre, lavé et séché, prend le nom de *vermillon*, et donne une couleur rouge qui résiste presque à tous les agents.

Graine d'Avignon. C'est le fruit du petit nerprun, arbrisseau qui croît dans les environs d'Avignon. Elle donne une très belle couleur jaune, mais qui ne se conserve pas.

Indigo. Substance colorante bleue qu'on extrait d'une plante connue sous le nom d'*a-nil*, et qu'on cultive dans les Indes, en Amérique et en Égypte. L'indigo est d'un grand usage dans la peinture, et donne un beau bleu.

Jaune de chrôme. Composé de chrôme et de plomb qui s'emploie avec avantage dans la peinture en bâtiments, dans la peinture sur toile et sur porcelaine, dans la fabrication des papiers peints, etc. Il donne une couleur jaune très belle et très brillante.

Jaune de Naples. Composé de céruse, d'alun, de sel ammoniac et d'antimoine diaphorétique. C'est le plus beau jaune que l'on connaisse; il donne une riche couleur d'or, mais il faut avoir soin de le broyer sur un por-

phyre ou sur un marbre, et de le ramasser
avec un couteau d'ivoire, car la pierre et l'a-
cier le font verdir. Il sert pour les fonds cha-
mois et les équipages.

Jaune minéral. Mélange de litharge anglaise
et de sel ammoniac. Sa couleur est d'un jaune
citron; il ne s'emploie guère que dans la peinture d'impression et d'équipage.

Laques. On appelle *laques,* en peinture, des
composés formés par les matières colorantes
qu'on enlève à l'eau. On les obtient en faisant
dissoudre dans l'eau la matière colorante, qui
est ordinairement la cochenille ou la garance,
et en traitant la dissolution par différents sels.
La laque carmin, la laque de Venise ou de
Florence, et la laque extraite de la garance,
sont les plus estimées et donnent un très beau
rouge. La laque de Venise, qui est la plus
belle de toutes, sert pour les tableaux et les
décorations. Dans la peinture en bâtiments,

on emploie une espèce de laque beaucoup moins chère, qu'on extrait du bois de Brésil.

Laque de gaude. Elle s'extrait de la gaude, plante cultivée en France et dans presque toute l'Europe, et qui est de toutes les substances végétales celle qui donne la couleur jaune la plus solide; sa matière colorante est très soluble dans l'eau.

Lazulite_d'outre-mer. Pierre opaque, pesante, bleue, qui fournit la couleur bleue appelée *bleu d'outre-mer,* qui est la plus belle et la plus durable de toutes. Pour extraire le bleu d'outre-mer de cette pierre, on la fait rougir au feu et on la jette dans l'eau froide pour la rendre moins dure; ensuite on la pulvérise, et on en fait une pâte en la mélant avec le double de son poids d'un mastic formé de résine, de cire et d'huile de lin cuite. On met cette pâte dans un linge, et on la pétrit dans l'eau chaude à plusieurs reprises pour en faire sortir la couleur. On rejette la première eau, qui est ordinairement sale; mais la seconde donne un bleu de première qualité. La troisième en donne un moins beau, et ainsi de suite. On met reposer ces eaux, et le bleu se précipite au fond. On décante l'eau, on broie avec soin le bleu et on le met sécher. Le bleu d'outre-mer est très rare, et d'un prix très élevé. On ne l'emploie que pour les tableaux.

Massicot. Oxide jaune de plomb. C'est une poudre jaune qui se prépare en calcinant le plomb avec le contact de l'air. On se servait beaucoup autrefois du massicot dans la peinture; mais comme on court de grands dangers en l'employant, et que d'ailleurs on peut le suppléer par différentes sortes de couleurs, on doit s'en servir le moins possible, et le faire en petites quantités et avec beaucoup de précautions.

Minium. Deutoxide de plomb. C'est une poudre rouge qu'on obtient par la calcination du plomb dans un fourneau à réverbère. On en fait un grand usage dans la peinture et dans les arts.

Noir d'Allemagne. Il se prépare avec de la lie de vin brûlée, lavée dans l'eau et broyée dans des moulins destinés à cet usage. Il est luisant, doux, friable, et donne un noir de velours. Il nous vient de Francfort, de Mayence et de Strasbourg.

Noir de charbon. C'est tout simplement du charbon de bois pilé dans un mortier et broyé à l'eau sur un porphyre.

Noir de composition. C'est le résidu qu'on obtient en fabriquant le bleu de Prusse. Mêlé avec du blanc, il donne un beau gris argentin.

Noir de fumée. C'est le produit de la combustion de matières résineuses qu'on brûle dans une chambre de planches de sapin bien fermée et tapissée de grosses toiles. Le noir de-fumée se dépose dessus, et on le recueille de temps en temps. On ne s'en sert que pour de gros ouvrages, comme pour peindre des barres de fer, des balcons, etc. On le détrempe avec du vinaigre ou de la colle figée.

Noir d'ivoire. Il se fait avec des morceaux d'ivoire calcinés dans un creuset hermétiquement fermé, de manière que l'air n'y puisse pénétrer. Il donne un noir velouté.

Noir d'os. C'est le produit de la calcination des os de mouton dans un cylindre luté avec soin; quand les os sont calcinés, on les broie à un moulin. Il donne un noir roussâtre, qui est cependant fort doux à la vue.

Noir de pêches. On l'obtient des noyaux de pêches calcinés et broyés comme le noir d'os. Il sert à faire les gris roussâtres.

Noir de vigne. Il s'obtient des sarments brûlés, et est plus beau que tous les autres noirs.

6.

Ocre jaune. Espèce de mine de fer limoneuse, qui, ainsi que l'*ocre de rue* (hydrate de fer), s'emploie dans la peinture pour imiter les couleurs de bois. Avant de les employer, il faut les laver à grande eau pour les dépouiller des matières étrangères qu'elles contiennent.

Ocre rouge. Terre d'un rouge plus ou moins foncé qu'on emploie pour peindre les carreaux d'appartements.

Orpiment. Sulfure d'arsenic. C'est une substance minérale d'une belle couleur jaune qui est composée de soufre et d'arsenic. L'orpiment artificiel se prépare en sublimant un mélange de ces deux corps. Il sert dans la peinture pour donner aux boiseries une belle couleur de paille; mais son emploi n'est pas sans danger, et si on peut le suppléer par une autre couleur, on fera bien.

Safran bâtard ou *carthame*. Couleur d'un

jaune orangé qu'on extrait du *safranum* des droguistes, plante qui croît en Espagne, en Égypte et dans le Levant. On s'en sert pour peindre les parquets d'appartements.

Stil de grain. Espèce de pâte jaune qu'on prépare en teignant une terre calcaire ou marneuse dans une décoction de graine d'Avignon, à laquelle on ajoute un peu d'alun. On fait avec cette pâte de petits pains qu'on fait sécher. Cette composition donne une fort belle couleur, mais qui est peu durable. On s'en sert pour les parquets d'appartements et les décorations de théâtre.

Terre de Cologne. C'est une espèce de terre d'ombre, mais un peu plus brune. Elle ne sert que pour les décorations et les tableaux.

Terra merita. Matière colorante jaune qu'on obtient par décoction de la *cucurma longa*, plante qui croît dans les Indes orientales. Elle donne un jaune très vif, mais qui n'a pas de permanence.

Terre d'ombre. Espèce d'ocre friable ainsi nommée à cause de sa couleur brune. La calcination la durcit et lui donne une teinte plus brune.

Terre de Sienne. Terre bolaire ou ocre brune, avec une teinte de couleur orangée. Elle devient aussi plus brune par la calcination, et peut s'employer, soit dans son état naturel, soit brûlée.

Terre verte. C'est une terre sèche de couleur verte, dont on distingue deux espèces, la *terre verte commune*, et la *terre verte de Vérone.* La première se dissout difficilement dans l'eau et est d'un vert pâle; la seconde est d'un beau vert, et sert pour les paysages. Elle donne une couleur très durable.

Verdet. Substance cristalline qui se prépare en traitant le vert-de-gris par le vinaigre; et qui sert à préparer le *vert d'eau* qu'on emploie pour le lavis des plans. Pour cela, on prend les cristaux de verdet les plus riches en couleur, et on les fait dissoudre dans une eau légèrement alcalisée.

Vermillon. Sulfure rouge de mercure ou cinabre. Voyez ce mot.

Vert de chrôme. C'est l'oxide de ce métal qui existe pur dans la nature, mais en petite quantité. On le produit artificiellement par la calcination du chromate de mercure. Le vert de chrôme est fort cher, et s'emploie dans la peinture pour faire des fonds verts très foncés.

Vert-de-gris. Combinaison d'acide acétique et de cuivre. C'est une couleur verte très brillante, dont on fait un grand usage dans les arts et dans la peinture pour les verts de treillage.

Vert d'iris. Couleur verte qu'on obtient d'une espèce de pâte ou de fécule qu'on tire de la fleur de l'iris. Elle ne s'emploie que pour la miniature.

Vert de montagne. C'est un vert natif mêlé de matières terreuses qu'on trouve en petits grains comme du sable dans les montagnes de Hongrie, ce qui l'a fait aussi appeler *vert de Hongrie.*

Vert de Scheele. Belle couleur verte dont la découverte est due à Scheele, et qui est formée par la combinaison de l'arsenic avec le cinabre.

Vert de vessie. Vert qu'on fait avec les baies de nerprun ou bourg-épine. On l'appelle *vert de vessie*, parcequ'on le suspend à la cheminée dans des vessies de cochon ou de bœuf, pour le laisser durcir et le garder. Il est dur, compacte, d'une belle couleur verte, et sert pour peindre sur les éventails et faire les lavis des plans.

FIN

www.ingramcontent.com/pod-product-compliance
Lightning Source LLC
Chambersburg PA
CBHW070929280326
41934CB00009B/1799